À l'ombre de Pénélope

Margaret Michèle Cook

À l'ombre de Pénélope

poésie

LE
N rdir

Données de catalogage avant publication (Canada)
Cook, Margaret Michèle, 1963-
  À l'ombre de Pénélope : poésie
ISBN 2-89531-000-9
  I. Titre
PS8555.05652A72 2001 C841'.54 C00-901751-8
PQ3919.2.C66A72 2001

Correspondance :
Département des lettres françaises, Université d'Ottawa
60, rue Université, Ottawa, Ontario K1N 6N5
Tél. (819) 243-1254 - Téléc. (819) 243-6201
lenordir@sympatico.ca

Mise en page : Robert Yergeau
Correction des épreuves : Jacques Côté

Le Nordir est subventionné par le Conseil des Arts du Canada,
par le Conseil des Arts de l'Ontario, par la Municipalité régionale
d'Ottawa-Carleton et par le ministère du Patrimoine canadien
dans le cadre du PADIÉ.

Dessin de la couverture : John Flaxman, « *Penelope Suprised by the Suitors* »,
circa 1790. Dessin reproduit avec la permission de l'Institut des Arts
Courtauld de l'Université de Londres.

L'auteure remercie Andrée Christensen, Eleanor Cook et Stefan Psenak qui
ont lu, avec attention et générosité, différentes versions de son manuscrit.
Elle remercie également John Hollander qui l'a mise sur la piste du dessin
de la couverture.

Dépôt légal : premier trimestre 2001
© Margaret Michèle Cook et Le Nordir, 2001
ISBN 2-89531-000-9

Le Conseil des Arts du Canada / The Canada Council for the Arts depuis 1957 / since 1957

Ottawa-Carleton

ONTARIO ARTS COUNCIL

CONSEIL DES ARTS DE L'ONTARIO

dans un fil de tissage
elle pose sa naissance
à l'ombre de Pénélope

nous naissons plusieurs fois dans une vie
comme des départs vers d'autres contrées
itinéraires avec haltes en train
nouveaux interstices de végétation déjà intimes
et pourtant nous ne nous souvenons pas de cette première
[naissance
de la douleur de l'enfantement
du corps de la mère qui narre son histoire
depuis la chambre douillette où nous flottons
utérus protecteur
abri universellement aquatique
habitat nautique qui laisse percer
quelques bruits mondains, quelques murmures, quelques
[caresses lointaines
en prévision du temps extérieur
bourrasque, intempérie, ou calme
refuge premier
où nous dansons doucement
où nous nageons sublimes
où nous bottons, petits expérimentateurs/trices
réveils-mamans qui réveillent papas

faiseurs de ronds qui voudraient devancer la circonférence
passer à l'avenir en édifiant le cadre
par le canal transitoire qui donne le jour
un aperçu de lumière tamisée
d'air désertique de séparation
ensuite péniblement fatalement le visible
cordon ombilical fil d'Ariane de l'origine
la marche lunaire prenant alors fin
dans le geste tranchant qui lance ce petit navire
couper le lien corporel qui ancre dans le sang
utérus frontière protectrice
à franchir
pour émerger à l'air aux bruits aux mouvements
une trajectoire inouïe

nous passons nos vies à désirer d'autres pays
ou à nous contenter de notre recoin de terre
nostalgie de notre entrée spéculaire

avec deux fils
deux couleurs
une différence se dessine

l'âge des années magiques, des amies imaginaires
petits êtres invisibles avec qui jouer
d'aucuns remplissent un vide de cette création :
père manquant, sœur inexistante
d'autres trouvent un bouc émissaire
vaurien ou coquine
ce n'est pas contre moi que tu te fâches
mamie maman papi papa
c'est l'autre
qui a trouvé cette gomme à mâcher
sali ce pantalon neuf
brisé la lampe
et plus tard encore
qui est rentré de l'école avec de belles bottes rouges
ne lui appartenant pas
de cette façon, la **tête** s'engage à se peupler
à l'intérieur les combinaisons possibles
s'animent
prennent vie
petits scénaristes
les histoires se centuplent

l'essence de toutes les saveurs de mère
une nouvelle narration commencée avec de multiples
                                              [personnages :
les bons, les mauvais, les innocents, les coupables
divisés en camps que nous recréons
au jour le jour
de peuple en peuple de pays en pays
toutes les possibilités alignées dans la **tête**
toutes les permutations simulées pour palper le bien
                                              [et le mal
la séance se déroule sur commande

chef et **tête** ne font qu'un alors que chacun
devient commandeur-régisseur sur ce plateau

ensuite une répétition
comme un refrain
reprend le premier

au seuil du langage, de ce qui se crée
les sons se forment, s'agglutinent, se déforment, se
                                        [recomposent à peine
les mots s'approprient leur poids, leurs battements
objets animés
ils recherchent les séquelles de ce nouveau pouvoir
                                        [symbolique
l'enfant affronte la blessure langagière
il doit faire comprendre
faire écouter
les cris plus efficaces
que toutes les nouvelles technologies
pas de garantie
dieu déesse omniprésent omnipuissant se dissipe
alors qu'il traverse une existence nouvelle
une aventure de forêt tropicale
lèvres à abattre sur son chemin
créatures venimeuses à confronter
éclats de couleurs à réabsorber
végétation inconnue à endiguer
il connaît dans son **corps** constitué amour et rage

de nouvelles brûlures de son passé primitif
émotions réactions sensations transmises à travers
cette matière
aucun mensonge paisible
aucun démenti
seuls les symptômes singent une vérité enfouie
en cette zone insolite
il n'a de choix que de laisser tomber par terre
avec grand bruit
grand fracas
à **corps** perdu
l'objet le plus proche qui sert d'appât
le cri du petit comme un arbre qui tombe dans la forêt

doucement
mais sûrement
ses gestes se précisent

l'enfant imitateur excelle à la tâche
quitter la maison pour l'école
asile connu pour l'inconnu
l'enfant quelquefois pleure ce changement
avec tristesse et détresse
sur la **bouche** de qui réagit
qui grimace comme une caverne vide
s'ouvre penaude
se ferme ferme
son déplaisir
dit sans dire
et montre clairement
au seuil du premier départ
les bagages ne sont plus pliés
la séparation coutumière renforce
les agitations qui se matérialisent pour ensuite se peaufiner
école
affection
bouche penaude
comme un terrain insolite, une clairière au milieu des bois
le soleil perce

l'expression transperce
dans sa robe de tous les instants
comme s'habiller d'un vêtement novice auquel on
                                        [s'accoutume
peu à peu
un goût distinctif formulé pour une jupe en particulier
des bas, rien que de cette couleur-là

une deuxième ou troisième
langue qui commande

les émotions
le cataclysme
l'apaisement
tout passe dans l'esquisse

une soixante-huitarde de révolte généralisée
de secouements, d'éboulements, d'excédent ou
                                        [d'insuffisance
de manifestations étudiantes
de cris impérieux
chacun forge son **épine dorsale** de préceptes et de mérites
ce qui tient debout mais non toujours droit
comme le chêne ballotté
arbre dénudé
selon l'arc des passions et des mécontentements
l'enfant difficile en quête d'attention
l'enfant facile épargnant maman
manifestations multiples
l'enfant en dérangement l'enfant transporté par-delà les
                                        [frontières
en déplacement incendiaire
en habitacle temporaire
déraciné cette nouvelle plante qui commence à peine
à pousser
à planter quelques racines quelques chutes

quelques arpents de territoire
vers un square cimenté
avec herbe entre les dédales
des jouets époustouflants
un concierge soucieux
les méandres
d'un chat noir

chaque expérience trace la forme de l'**épine dorsale**
elle tient par un nœud de cravate

et tranquillement
un motif se révèle

petits et grands nous nous comparons les uns aux autres
incessamment
dans la similitude dans la distinction
nous déchiffrons ou pas
nous acquiesçons ou pas
dans l'amour et dans la convoitise
cette fabulation se renouvelle au long de notre vie
cherche à intégrer le petit garçon aux **doigts** malformés
enfant de la thalidomide
concluons-nous en regardant vers le passé
en saisissant sa voix à la radio
nous nous ruons sur cette marque par soif
par instinct appétit de savoir
la curiosité des jeunes
des variations de l'espèce
comme marque de naissance
nous distinguant dans nos ressemblances
nous rassemblant dans nos différences
les **doigts** explorent le monde
touchent retouchent s'agrippent
transmettent une multitude d'indices
de douceur de rugosité

de chaleur
de solidité
ils cherchent la clé irrécusable

dans la salle de classe la matière dépasse largement
les dires de l'institutrice

une scène est créée
une histoire sans paroles

le **sexe** s'exhibe et se dérobe
en bonne petite fille avide de connaissances
les élèves sages s'assoient dans les premières rangées
comme de beaux fruits dans un panier assorti
l'influence s'exerce dans quel sens
la bienveillance censée vaincre l'agitation
l'inattention
le pénible
comment spéculer
en cette classe
la petite transportée en arrière pour convertir
les dissidents
une révolte à apaiser
des rebelles à amadouer
une intrigue à démêler
mais doucement
elle — imprégnée de leur excitation de leur folie
de la promesse de liberté —
elle accède à leur demande curieuse
baisse ses sous-vêtements
montre aux avides
comme un objet de curiosité

un mystère renaissant
un repli caché
soumise en pays conquis
découvreur de territoire impassible
conversation à fleur de peau

qui l'a placée dans cette position factieuse

mais le tissage peut être défait
la narration soustraite
ou éliminée

nos observations des adultes façonnent une compréhension
                                                    [inusitée
l'institutrice s'accorde à une vision séduisante, française
bienveillante mais ferme
mère obligeante
présente à nos regards curieux, à nos **yeux** attentifs, à nos
                                                    [interrogations
expliquant principes scientifiques
montrant et démontrant l'empirique
les sens non confondus
le rationnel commence à prendre le dessus
à subjuger le fantasme
et à cet instant
comme si instant il y avait
survient sur la scène le mari
alors justement qu'elle réclame son aide technique
le prince charmant lecteur de pensées
l'Italien serviable serviteur
cet état parfait de souhaits comblés sans que l'appel
soit énoncé
et nous observons avec nos grands **yeux**

et nous captons les indications
et nous pratiquons leurs gestes
et nous traduisons leur feu
toutefois la communication ne reflue pas
la tour de Babel abolie à son tour
de bilingue à trilingue
de la ligne droite au triangle
le troisième point la langue commune le mode d'échange
un bien pédestre anglais

au bout du conte de fées la banale réalité

quels mobiles se déconstruiront
ou s'efforceront de se cacher
dans cette éternelle ritournelle

un petit garçon prévenant
cherchant **oreilles**, écoute
comme les autres et pas comme les autres
qui n'apprécie pas être cloué à sa place
en quête de réponse aux questions de l'enseignant
curieux hors de l'ordre usuel
observant les autres autour
enjolivant la scène
commentant l'air scolaire
clown pétillant
dans un cirque à trois scènes
lions
mangeurs de feu
lanceurs de flammes
plus tard il connaîtra la forêt aux ours
mettra son baladeur dans la salle d'université
refusera de se plier
les bruits pénètrent dans sa tête
les mots détonnent dans son univers
il écoute de ses **oreilles** bien formées
simplement il choisit les paroles qui s'immisceront en lui

et plus tard accidenté
le crissement de pneus ou pas
l'imprévisible
l'invisible
l'impossible
de ce qu'il n'a pas entendu

la mort toujours qui nous guette
de tous les âges
de toutes les écoutes

l'envers et l'endroit se confondent
les fils s'entremêlent
le tissu se trahit

d'aucuns se déplacent d'un établissement à l'autre, d'une
[ville à l'autre
rupture conséquente
la ville de neige
rehausse la blancheur des traits
une grimace exagérée sur un visage encore enfant dénote le
[regain d'anxiété
elle se mesure à la pelletée
aux manteaux d'hiver couches de protection
aux inconnus du voisinage
aux trajets vers et de l'école
conduits et ramenés
à une salle de déjeuner
à une cour de récréation
terrain de soccer
de foot
au téléphone, une fille déguise sa voix en garçon
elle cherche à découvrir les dessous intrigants
la **peau**
qui recouvre l'être ici pâle
barrière entre intérieur et extérieur

qui se fait frontière perméable
par osmose les paysages qui entrent en nous
par mirage les entités que nous croyons être
un garçon se déclare et sa mère vient
surveiller les lieux et sa fantaisie
on finit avec des ronds dans la neige
enfants allongés en mouvement horizontal
qui rejoignent un ciel bleu
des traces d'anges nubiles
sur la **peau** de nos corps

le rythme du travail la capte
alors qu'elle traduit de sa tête
au métier

les livres qui s'empilent autour de nous dans un fracas
silencieux
écouter des histoires et
apprécier intimement leurs péripéties
apprendre à lier les mots pour en faire un monde
rentrer dans le préfabriqué prémuni
en attente du livre magique
au j'aurais-voulu-être-là
au je-suis-là-dans-ma-tête
et chacun observe aux côtés du narrateur
l'emballement de l'aventure la construction d'illusions
le domaine secret
les sentiments rebelles et fidèles d'Augustin
Meaulnes
en effet il vise le **cœur**
ce lieu dissident
où faire vibrer les cordes émotives qui autrement
se figent
ce centre de frémissements de l'être
ce chant rempli de profondeur
de l'épaisseur de cette vie

aimer
trahir
secourir
on suggère maintenant
de voir avec le **cœur**
véritable organe de feu

aider
endiguer
être

le dessin se précise
les contours couleur vifs

les habitudes étrangères nous plongent dans la
                                    [contemplation
de réactions inusitées
l'enseignant arrive déboussolé
dans les méandres de corridors foisonnants
il s'approprie sa salle de classe et sa façon de mener
sans délai
de sa **main** altière
signe de conscience et de présence
comme un palmier royal
au bord d'une route principale
droit
sûr
à chaque élève son nom
nom de famille solitaire
unique
au son sévère
pris en main
nous avons l'impression d'être transformés en école de
                                    [garçons
enrégimentés selon l'ordre hardi de son profil romain

néanmoins au centre une clémence
peur de trop s'attacher à ses petits pourtant rangés
pourtant aimants
lever la **main** pour se faire remarquer
celle qui écrit qui répond
qui tient comme lieu de distinction
lien entre un corps et son prochain
qui transmet signes de communication avec le papier
avec l'autre

voici ma main
elle a cinq doigts
en voici deux
en voici trois

le mouvement continu
de gauche à droite de droite à gauche
incorpore les fils

comme une plante qui pousse à pleines **jambes**
semble-t-il
elle grandit, s'épanouit
une feuille se fane, mais personne n'y prend garde
une petite tache brune
une sécheresse quelconque
le bon enfant qui ne cause nul problème
de grandes enjambées de soif de connaissance
matière sur matière
idée sur idée
avec un peu de gymnastique pour le bien-être corporel
ou bien le trouble-fête
toujours au centre de dérangements
quémandant attention
les **jambes** dégingandées
une certaine désinvolture
apprise de l'être, deux troncs mobiles
transportant vers
solidité et flexibilité
courir
monter descendre avancer reculer

fléchir
tous les mouvements passent par ce chemin
affinité entre âme et terre
par là l'éclair d'énergie qui nous traverse
avant le tonnerre
chaque éclair une petite tache brune

nager dans les méduses

quelques erreurs se glissent dans le tissu
elles se démasquent clairement
seulement lorsque l'œil se fixe dessus

accidentés — nous le sommes tous à un moment ou
                                    [l'autre —
une parcelle de nous qui ne vit que dans ces moments
fragiles
un pot cassé
une **cheville** foulée
talon, tendon, cheville d'Achille
avancer pas à pas
comme sur les cordes d'un instrument de musique
une note à la fois
jusqu'à ce qu'une sonne faux
ici, sur sa bicyclette, elle plonge en bas de la petite colline
en pente
vers le lac
ailleurs une cicatrice de femme mordue par un chien
un déchirement de pudeur
attaques
signaux d'alarme
femme en quête d'elle-même
un coup de vent fait tomber des branches
les points faibles cèdent à une pression inamovible

l'arbre renferme sa blessure visible ou recelée
sous ses habits
still waters run deep
un membre perdu un os brisé
dans une danse sur glace
patinage
l'équilibre à jamais transformé

les accidents surviennent à tous moments

une autre partie du matériel
raconte une histoire connexe

d'un voisinage à l'autre
des filles et des garçons inconnus à contempler
tout un monde insolite
comme le trajet en autobus le matin
l'attente sous la pluie
le beau temps
le mélange des voix et des curiosités
elle se promène
et se fixe aussi
sur des histoires racontées, ce que les autres saisissent de son
                                                              [identité
la séduction par l'écriture
par les **bras** qui s'ouvrent et qui répandent par terre
la pile de livres
toute connaissance est neuve
dans un lieu nouveau
géographie soudaine
comme cueillir un bouquet de fleurs
ici des marguerites
là des boutons d'or
et des myosotis
les **bras** ouverts qui accueillent

qui quémandent
qui devisent largement plus loin que le non-dit
qui scrutent l'intrigue
en miroir, les adultes
bras croisés, visages fermés
savent et négligent de s'éclore
de revoir
le monde habillé à neuf

le mot scripté retentit longtemps dans la tête en caverne
l'émotion saisie à bras-le-corps

le tissage comme exercice
de l'esprit
une indéniable concentration

les idées foisonnent, se disputent la première place
l'intellect recherche aussi sa nourriture florissante
il se constitue en verger — corne d'abondance assortie —
le fruit camusien prédomine
de couleur de mer de soleil de lumière giclante
coupante
le **cerveau** se nourrit de sciences, d'arts
se constitue en centre de direction
manipule les concepts, les tourne et retourne
dans tous les sens
dans les circonvolutions de la conscience
cette matière indéfinissable
les circuits bloqués ou ouverts
foisonnants
plusieurs langues parmi lesquelles choisir
ouvrant toutes les dimensions de soi
et un semblant de garde du corps époustouflé par les
demi-mots de jeunes femmes
une nouvelle substance à intégrer
comme une vue inattendue d'une tour élevée
sur un paysage-marécage

néanmoins, derrière les abstractions énoncées, prodiguées
la vie en désordre
le chaos des effervescences contenues
la prof qui rentre à la maison et se dispute avec son mari

en salle de classe
les paroles endossent une lueur de tension

un éclat de couleur
rejoint l'attrait des décombres

envers et contre l'intervalle de la souffrance
l'adolescent cherche aveuglément les climats du plaisir
le jeu, le spectacle
la place où assumer n'importe quel rôle — au choix —
un dôme bâti bloc par bloc
vertèbre par **vertèbre**
chaque zone de son soi droit devant
morceau de son avoir l'un par-dessus l'autre
épreuve après épreuve
dans un regain d'émotivité
les identités matérialisées
que nous examinons comme autant de déguisements
jusqu'à celui qui sied aujourd'hui
à la saveur du moi
médecin, avocat, pompier, poète, acteur
théâtre —
elle joue le rôle de celle qui sauve
celle qui protège
au milieu d'une envolée d'oiseaux
et parce qu'elle est douce
et belle
et surtout doucement rebelle

le protagoniste la sort de sa prison
démêle les fils
en l'allongeant, **vertèbre** par **vertèbre**
sur un lit d'amour
tels les costumes que nous portons ou
feignons de porter
ou qui sont refusés
une voie barrée
un sens interdit
fables et histoires familiales
à déconstruire
la vraie ardeur ressurgit toujours

les fils quelquefois
s'entremêlent
s'embrouillent

après tentatives, essais, répétitions
d'obnubilation impressionnante
de dire « voici, je suis »
et je suis comme je suis
de percer par le rire et le sourire
la petite étale ses **cheveux** au vent
la crinière dégagée
libre comme l'air
la toison qui s'agite se range
s'affiche dans sa différence
ouverte au monde
elle désire l'attention et
cherche à se cacher
c'est-à-dire joue le rôle d'une jeune femme qui vieillit
spectacle
d'une demoiselle devenant ancienne
lentement courbaturée
matriarche d'une famille nombreuse
elle veille
avec encore justement ce
souvenir porté

très précisément en elle
dans une communication sans paroles
maintenant revenue à la réalité
de l'attrait et de la délectation
comme des signaux phosphorescents entre insectes
l'autre arrive
lit dans ses pensées
complimente robe, blancheur, mansuétude enveloppante
ensemble ils gravissent une montagne
en épingles à cheveux
contourner le littéral

la neige sur un cap de montagne un matin en plein été

le mouvement est régulier
le rythme se dessine

les chemins parmi lesquels choisir contiennent tous des
                                                  [embuscades
le droit chemin facile en apparence
à emprunter
la dimension des **pieds**
tortueux en réalité
la diversité se dérobe; une végétation trop familière prolifère
herbes, marjolaine, thym, romarin, sauge
on emboîte une route déjà toute tracée
sans réflexion pour soi
le chemin de la révolte est pénible en apparence
l'éclatement prédomine
mais, éclaté, on recolle les bouts comme on l'entend
le décor se façonne plus librement
transplanter un géranium rouge ou un boisage

le chemin de la découverte demande de la persévérance
une fidélité aux possibilités
une ouverture à l'éventail d'avis, esprit à l'appui
mais aussi la force du non
l'intégrité de soi

repousser l'offensif
la pensée ou la personne qui la prolonge
le geste ou l'agresseur
connaître sa fermeté
fermer les portes qu'il devient impératif de fermer
que les métamorphoses en monstres s'évaporent en

[poussière

elle seule fait fondre les fantômes nocifs
elle seule préserve les fantômes passionnés

les **pieds** plantés sur terre
les pas à prendre d'avance tracés ou non
ce qui nous tient comme un fil neutre
solide
mais quelquefois aveugle

peur du prédateur

un fil se déchire
un fil est déchiré
par la force des événements

il se peut qu'on ne découvre réellement sa liberté
que dans un autre pays
loin de toutes attaches
dans l'odeur et la chaleur du distinct
pouvoir rentrer ses **dents** dans la vie
l'intégrer
pour profiter de toutes ses lubies
chaque bouchée en un geste d'appétence
de faim de découverte
danser, manger des pains au chocolat, connaître
trois heures du matin
fatigué, joyeux
et cela plus d'une fois
se savoir vibrant
comme soudain faire cent kilomètres à moto
la route tracée d'avance
par d'imposants platanes
par de petites maisons provençales
par une lumière tamisée
voir Manosque
se cacher derrière un bosquet

ou se cogner contre un miroir en voyant nébuleusement
arriver sa propre image
après son repas
après la gitane aux roses rouges
signe incertain de reconnaissance

derrière quoi
une indépendance ténue
des valises trop imposantes
des tickets de repas

se savoir vibrant
avec des **dents**

la force des intentions
passe dans ce métier

dans l'**ossature** une connaissance de livres
de faits, d'incarnations, de complexes, de machinations
quelques expériences scientifiques pour arrondir le portrait
toujours à parfaire
jamais achevé
des guppies
un garçon en chemise rayée incarne tous ceux qu'elle ne
                                              [connaît pas
fin de la première partie
l'éthologie
exploration soi-disant théorique
alors que le palpable nous guette
le monde quotidien
non semé de livres pour vivres
et pourtant vivants
et elle
que fera-t-elle du reste
un cycle complet
os inusités
squelette caché
l'intérieur troué
de morceaux manquants

ossature de connaissance de livres
de méfiance de personnes d'abord connues
d'inconscience de réelle jouissance
le passage des livres à la chair
du fantasme au corps
de l'image à la flamme
jeux manquants

chaque matériel contient sa faiblesse
il s'agit de bien la cerner

comment sait-on qu'on est parvenu à l'âge adulte
quel signe obscur
permet une affirmation avec constance
quel détail évolue en indice
la métamorphose du corps en lenteur
tire vers l'intérieur
vers l'**estomac**
et menace farouchement de tout expulser à l'extérieur
sinon
il accepte les leçons de vie, survie, amitié, amour esquissées
par l'entourage savant
il présume savoir
mais se sent inconnu
entité qui s'est séparée
a mind of its own
l'**estomac** accueille la nourriture, est contenant
dans le processus de digestion
le receptacle de ce qu'offre la mère-monde
impératif de le réintégrer
de rejouer le tout pour le tout
il nous trahit toujours
dans nos appétits, nos manques, nos gourmandises

comme un oiseau qui apprend à voler
qui refuse d'abord
qui tombe du nid
voler viendra

j'ai la nausée
je ne veux pas, je ne veux plus
quelle est l'infamie de ce monde adulte
son hypocrisie, sa torture
quelles sont ces contraintes qui sifflent sur nos têtes

voler à son rythme d'abord

le tisseur passe et repasse
sur le fond de l'histoire

la Ville-lumière au rythme de ses aventures
une panoplie d'essais
pour tous les sens
bleu rose jaune vert
à l'opéra de Chagall
les nuits élyséennes sur les champs
et surtout la cuisine américaine de l'appartement
rue Rousselet
où Borduas est mort
comment décrire ces flashs
comme une drogue dans ses **veines**
ici une pose imitant une scupture de Rodin
là sur la pelouse du château de Madame de Maintenon
encore un déjeuner sur l'herbe
ou bien une de ces chaises métalliques du jardin du
                                                    [Luxembourg
et pour mesurer l'effet Beaubourg
une visite intersidérale
par escaliers roulants
tout est étrangement enivrant
pour
les **veines**, instruments d'accueil

51

les impressions transportées au cœur de partout dans le
[corps
comme des globules de reconnaissance
qui forment ensemble une image d'une ville neuve
d'une vocation originale
d'une personne renouvelée

la quenouille
toujours présente

après l'image du cœur d'un certain apprentissage affectif
le prochain jalon semble tout indiqué
le transport au loin
destination départ
partout hors du centre
les **artères** obnubilées bloquées
ralentissement de circulation
l'index qui pointe la route
pour quitter le jardin familial
la maison toujours la même
et jamais semblable
après maintes rénovations
maints secrets
maints labyrinthes
quelquefois explorés
s'installer près des bois primitifs
dans les terrains maternels
d'un nouveau langage
purifié par le transport sanguin
énergisé par la poussée cardiaque
dans un effort de dire juste
de donner tout son sens

de discerner les mots refoulés
obnubilés
dans un impossible masque artifice
comme si
et pareille elle procède astucieusement
la dispute éclate
le climat ne s'impose pas
pression artérielle dans le rouge
c'est à en devenir malade

la navette dans le métier
outil à créer

l'instinct premier
l'odeur nocive pique le **nez**
un ignorant qui feint indifférence
cultive une absence de profondeur des rapports humains
elle ignore son ventre, l'olfactif dépisteur
et plonge dans les eaux infestées
dans le trouble embrouillé
du palais enneigé
sous son dôme plastique renversé
quelque part un jeune garçon malicieux
qui ne cesse de secouer l'objet précieux
à chaque fois que la moindre semblance de calme
se fait jour clair
un tantinet de paix
envolé
replongé dans le chaos de l'imprévu
de mots durs et moelleux
de la renverser à terre dans un corridor, un bureau fermé
de la relever sur un comptoir de cuisine
de rapprochement et d'éloignement
de vouloir sauver, vouloir changer
tourment

apprentissage de l'impossible
l'enfant lent à se réchauffer
nous sentons sur le tard
un **nez** sophistiqué n'est pas à la portée immédiate de tous

les nez bloqués sont légion

il file sur les fils
bobine de trame

la blessure du serpent qui mord
« c'est dans ma nature »
la piqûre en bonne et due forme
une douleur de cri de naufragé en pleine mer
il n'y a que cela qui m'aille
comme les gants de la mort

ongles qui déchirent
ongles qui mordent
qui protestent contre leur sort
qui se recréent tant bien que mal après une retraite en cocon
comme une métamorphose espérée
comme une maturation opérée
elle apprend à se transformer en espionne
à fumer tard le soir
dans le noir de sa réflexion sournoise
à se cacher à l'extérieur des endroits publics
parmi les livres d'une bibliothèque
au fond d'une salle de cinéma
dans les rues mal famées
sans routine, sans fréquentations

elle ne répond pas à son téléphone
ne dort pas dans son lit
ne mange pas dans sa cuisine
elle est en mission
un ton très coloré de vernis à ongles
pour tout repeindre

extrémités griffées comme des défenses
les épines
de son inclination

fil perdu
raccommoder
stoppage

l'essentiel des **poumons** qui absorbent
un paysage salutaire
chemin blanc de campagne
tranquillité des arbres quelquefois courbaturés
des branches qui s'entrecroisent
comme des rencontres fortuites ou voulues
chaque aspiration
chaque expiration
planifiant notre prochaine manœuvre
respirer à chaque pas de cette marche estivale
remplir ses **poumons** d'air campagnard
la colle du corps
marcher sur la neige fondante
s'enfoncer légèrement
une surface qui cède
doucement
rarement avec fracas
rarement à en perdre pied
et selon la respiration
monte et descend
pulsation de corps et d'esprit

esprit de corps
navire sur un océan d'air

fil cassé
à rattacher
nouvelle tension

la routine permet de se concentrer
sur la besogne à accomplir
sur le réconfort des mots
sur chaque détail essentiel
les **côtes** bâtissent une protection
une armure de tous les jours
contre les intempéries
les malaises de la saison
la pauvreté ambiante
s'y agripper
comme à une table de travail dans le noir
comme à une interprétation bien construite
les morceaux finissent par se placer bout à bout
forme singulière sur forme insolite
un rêve guide vers un souvenir
un souvenir vers une restitution
d'un passé présent
d'un futur présent
côtes comme un fort défendu
contre toute attaque de l'enemmi
contre toute incursion inattendue

contre tout abord même
homme, femme, enfant
étranger ou ami
comme la tortue sous sa carapace

l'éléphant porte ses défenses comme l'humain : en avant
quelquefois une souris donne à réfléchir

filer
et filer

terminer un opus
en commencer un autre
une investigation de soi-même en détective privé
le **foie** qui nettoie
cérémonie de purification
pour recommencer à neuf
défaire les vieux défis
nous nous projetons des desseins
comme un vieux film en noir et blanc sur un mur de béton
avec des vedettes hautement prisées
dans un petit village
ou dans un quartier malfamé
avec prostitués ou escrocs
tout aussi captivés que les habitués
avec un nœud essentiel
des personnages qui nous guident en éclaireurs
des tournures d'intrigue
analepses et prolepses
dans la matière première
pour localiser l'ici et maintenant
à neuf
purifier

foie nouvellement épuré
mettre de l'ordre
compléter un canevas, réussir un tour de force

être magique

remettre l'ouvrage
sur le métier

s'exercer à se livrer
en dessous du rationnel
par-delà ce qui est construit
partir de ce point du **sternum**
point fixe, ancrage et contrôle
et lancer au loin
comme l'archer visant très précisément sa cible
le bras tendu
les doigts gantés exerçant juste
ce qu'il faut de pression
les pieds écartés
le corps droit
faire rayonner son image précisant
se solidifiant devant soi
un génie sortant de sa bouteille
prêt à raconter mille et une histoires
à assouvir trois vœux
ne plus vouloir se ranger dans sa cage
car la dorure s'effrite
les barreaux s'usent
aucun maître
aucun serviteur

dans une suite de jours
tenir ferme à cette instance
sternum, l'ancre du bateau —
voilier, goélette ou navire —
développer la voix, élixir de l'individu
qui porte émotions, idées, nuances, inconscient
dire, ciseler — ébauche par ébauche
comme un livret qui se déplie

le tissage
dans une concentration épique

quelquefois il est nécessaire de revenir à ce que l'on connaît
pour faire face à l'inouï qui nous hante
nous croyons laisser derrière des modèles ou des
penchants
mais ils ne sont jamais réellement abandonnés
nous les regagnons dans notre tête ou
en réalité
cet attachement est passé par le filtre
comme les **reins** pour extraire les déchets
les pyramides de Malpighi
résidu de la journée
ouvrir sa bouche
pour évacuer
les poisons accumulés
les anciennes blessures de guerre
les années d'efforts
comme des ruines enterrées très profondemment
prises dans un sol acidifié
à déterrer délicatement
car les séismes peuvent avoir lieu
à tous moments
se servir de brosses fines

et de doigts
d'une touche légère mais ferme

le spectre de relations pas encore naviguées
le familier comporte son sceau
au compte-gouttes
pour nettoyer les vieux secrets qui traînent dans des

[corridors
pour effacer cette trace de crasse
pour voir à nouveau
sans filtre
sans lentille

tisser une toile soyeuse
entre réalité et fantaisie

la connivence comme graal du bureau quotidien
attachés à la **hanche**
dans l'entente d'une relation bien entretenue
fonctionnel
dans un tailleur
qui sied à merveille
un costume
prêt à porter
une connaissance des dessous des intrigues
comme des boîtes de dossiers de filières perdues
de cas obnubilés
de correspondances contournées
d'interrogations laissées pour compte
la **hanche** — solide et fidèle —
sur une autoroute
une voiture luisante
au moteur ronronnant
la perle rare
le droit de la personne

transformer en tissu
de rêve éveillé
tirer le fil

chacun s'évade au cinéma
au cinéma, on compte les histoires
tristes, heureuses, gaies, mélancoliques
quelquefois on se méprend sur l'histoire à l'écran
l'histoire personnelle
illusion bien polie maintenue dans les airs
(voir *La rose pourpre du Caire*)
l'évasion est toujours tentante séduisante attrayante
comme l'île de Calypso
des **seins** nourriciers qui prodiguent
des auras maternantes
elle n'a plus rien à donner au-delà du celluloïd
mais retourner la scène en quotidien
voilà qui dépasse la vigueur de beaucoup
au jour le jour
le lit défait et refait
la brosse à dents sur le comptoir
la chaleur accueillante
de la serviette de bain
autour de son corps
et pourtant dans ce retournement

70

dans cette face cachée
gît un secret incommensurable
le lait maternant entre sécurité et enchantement

en contrepartie
la lutte est impossible
pour les soldats intouchables

tramer à son insu
de plus belle
l'issue secrète

au centre de nous
les mystères de l'inconscient
l'essence de notre identité
le **nombril**
il contient la musique du corps
de la danse
des étoiles
et même des nuages et du tonnerre
décris-toi
un picot de lin
un brin de chanvre :
la danse du fuseau

dans un fil de tissage
elle pose sa naissance
à l'ombre de Pénélope
avec deux fils
deux couleurs
une différence se dessine
ensuite une répétition
comme un refrain
reprend le premier
doucement
mais sûrement
ses gestes se précisent
les émotions
le cataclysme
l'apaisement
tout passe dans l'esquisse
et tranquillement
un motif se révèle
une scène est créée
une histoire sans paroles
mais le tissage peut être défait
la narration soustraite
ou éliminée
quels mobiles se déconstruiront
ou s'efforceront de se cacher
dans cette éternelle ritournelle
l'envers et l'endroit se confondent
les fils s'entremêlent
le tissu se trahit

*****

le rythme du travail la capte
alors qu'elle traduit de sa tête
au métier
le dessin se précise
les contours couleur vifs
le mouvement continu
de gauche à droite de droite à gauche
incorpore les fils
quelques erreurs se glissent dans le tissu
elles se démasquent clairement
seulement lorsque l'œil se fixe dessus
une autre partie du matériel
raconte une histoire connexe
le tissage comme exercice
de l'esprit
une indéniable concentration
un éclat de couleur
rejoint l'attrait des décombres
les fils quelquefois
s'entremêlent
s'embrouillent :

le mouvement est régulier
le rythme se dessine
un fil se déchire
un fil est déchiré
par la force des événements

la force des intentions
passe dans ce métier
chaque matériel contient sa faiblesse
il s'agit de bien la cerner
le tisseur passe et repasse
sur le fond de l'histoire
la quenouille
toujours présente
la navette dans le métier
outil à créer
il file sur les fils
bobine de trame
fil perdu
raccommoder
stoppage
fil cassé
à rattacher
nouvelle tension
filer
et filer

*****

remettre l'ouvrage
sur le métier
le tissage
dans une concentration épique
tisser une toile soyeuse
entre réalité et fantaisie

transformer en tissu
de rêve éveillé
tirer le fil
tramer à son insu
de plus belle
l'issue secrète

Achevé d'imprimer
en janvier deux mille un, sur les presses
de l'Imprimerie Gauvin, Hull, Québec